São Vito, mártir

História e novena

Mario Basacchi

São Vito, mártir
História e novena

Citações bíblicas: *Bíblia Sagrada* – tradução da CNBB, 2ª ed., 2001.

Editora responsável: *Celina Weschenfelder*
Equipe editorial

Nenhuma parte desta obra poderá ser reproduzida ou transmitida por qualquer forma e/ou quaisquer meios (eletrônico ou mecânico, incluindo fotocópia e gravação) ou arquivada em qualquer sistema ou banco de dados sem permissão escrita da Editora. Direitos reservados.

Paulinas
Rua Pedro de Toledo, 164
04039-000 – São Paulo – SP (Brasil)
Tel.: (11) 2125-3549 – Fax: (11) 2125-3548
http://www.paulinas.org.br – editora@paulinas.org.br
Telemarketing e SAC: 0800-7010081
© Pia Sociedade Filhas de São Paulo – São Paulo, 2004

Apresentação

No Brasil, a origem da devoção a são Vito está ligada à história da chegada dos imigrantes italianos, provenientes das Apúlias (Itália), especialmente de Polignano a Mare. Grande número deles se estabeleceu na cidade de São Paulo, no bairro do Brás. Trazida da Itália no final do século XIX, a pequena estátua de são Vito foi venerada em cortiços, ruas e festas de congraçamento de imigrantes de Polignano a Mare, ainda sem intervenção eclesiástica.

Em 1912, graças à união e ao interesse dos jornaleiros, a comemoração tornou-se semi-oficial, acompanhada de missa e procissão. Em 1919, em ação de graças pelo fim do conflito mundial, o evento foi realizado com mais entusiasmo e com grande participação do povo. Nessa oportunidade, durante a procissão, a antiga imagem foi substituída por uma maior. Uma pequena capela foi erguida na rua Álvares de Azevedo, atualmente rua Polignano a Mare, que em 1940 foi declarada paróquia. Em 1944 teve início a construção da atual igreja e da sede da Associação Beneficente São Vito Mártir, em um terreno adjacente à primeira capela. Com as ofertas arrecadadas nas festas de são Vito e dos santos Cosme e Damião, além da contribuição de industriais italianos, foi possível a conclusão da obra, o que ocasionou a nomeação de um vigário.

A Associação São Vito Mártir, fundada oficialmente em 21 de outubro de 1919, é responsável pela organização da grande festa de são Vito. Para manutenção da creche com mais de 120 crianças de 0 a 4 anos e de outras atividades culturais, a instituição promove *shows*, em que é distribuída comida típica da região das Apúlias, em todos os fins de semana de maio, estendendo-se até a primeira quinzena de julho. Esse evento faz parte do calendário festivo e folclórico da cidade de São Paulo. A festa litúrgica é celebrada em 15 de junho.

A imagem mais conhecida e difundida de são Vito é a de um adolescente vestido de soldado romano, com um crucifixo na mão direita e um ramalhete de flores e uma chave na esquerda. Na cabeça, ostenta uma coroa real e próximo a seus pés estão dois cachorros. Na época, era costume o uso de uniformes militares pelos filhos de magistrados romanos, uma vez que seu pai era prefeito.

Atualmente, a devoção ao santo mártir não é apenas privilégio dos imigrantes, mas também dos fiéis da cidade de São Paulo e de outras regiões. Diante de nossas necessidades, recorremos a ele com fé, certos de ser atendidos, pois, desde os tempos remotos, ele é citado na lista dos santos auxiliares.

Quem foi são Vito?

Lendas e fatos extraordinários permeiam a vida de são Vito, como a chegada das relíquias do santo e de seus preceptores, Modesto e Crescência, na vila São Vito, localizada no município de Polignano a Mare, Bari, Itália.

Consta nos anais que são Vito nasceu na Sicília e sofreu o martírio por volta do ano 303. Conforme as atas, ele era filho de Hilas, um rico pagão. O jovem foi instruído secretamente na doutrina cristã por seu preceptor, Modesto, e pela ama-seca, Crescência. Quando o pai soube que seu filho se tornara cristão, fez de tudo para persuadi-lo a abandonar a fé, temendo que fosse descoberto e preso. Vito ficou inabalável na sua fé tanto diante do pai quanto dos tribunais, quando foi preso e açoitado. Posto em liberdade, ele, acompanhado de seus preceptores, fugiu da Sicília, passou por Nápoles, na Campânia, e chegou a Roma. Mais uma vez, Vito e seus companheiros foram encontrados e condenados a ser devorados pelas feras. Durante o terrível espetáculo, uma forte tempestade se abateu sobre os espectadores, o que possibilitou a fuga dos prisioneiros para a Lucânia. A perseguição se fez mais violenta na gestão do governo do imperador Diocleciano. Eles foram presos e açoitados mais uma vez e, enfim, condenados à morte. Sofreram o martírio, firmes na fé em Jesus Cristo. No dia 15 de junho de 303, Vito faleceu aos 15 anos.

PRIMEIRO DIA

São Vito, mártir: exemplo de estudante

Em nome do Pai, do Filho e do Espírito Santo. Amém.

Glória ao Pai, ao Filho e ao Espírito Santo, como era no princípio, agora e sempre. Amém.

Oração do dia

Ó Deus, que nos destes o glorioso mártir são Vito como protetor, que ele seja o intercessor junto de vós em favor dos doentes, para que tenham coragem de enfrentar a vida, por mais dura que seja, com o pensamento no paraíso. Que não nos faltem saúde e disposição para levar em frente o projeto de vida oferecido por Jesus. Amém.

Leitura bíblica

Deus disse a Salomão: "Já que pediste estes dons e não pediste para ti longos anos de vida, nem riquezas, nem a morte de teus inimigos, mas sim sabedoria para praticar a justiça, vou satisfazer o teu pedido. Dou-te um coração sábio e inteligente, de modo que não houve teu igual antes de ti, nem haverá depois de ti" (1Rs 3,11-12).

Reflexão

São Vito nasceu em uma nobre família pagã, mas foi criado e instruído na fé cristã pela ama, santa Crescência, e por seu preceptor, são Modesto. Aluno dedicado e obediente, aprendeu rapidamente a ler e escrever. Dominava os idiomas grego e latim, línguas do império romano. Desde que conheceu o cristianismo, dedicou-se à leitura do Evangelho e de outros textos sagrados. Como Salomão, não pediu a Deus uma vida longa, uma vez que faleceu com 15 anos, nem riquezas, nem a morte de seus carrascos, mas sim sabedoria e coragem para enfrentar os tormentos, para não vacilar diante das promessas e ameaças do pai, Hilas. Tornou-se exemplo e protetor da juventude estudantil.

Hino a são Vito

(D. Sante Frugis)
Ó glorioso mártir,
Que estás no Paraíso,
Resplendor de eterno sorriso,
Até a ti se eleva a nossa voz.

Oração final

Ó Pai, que nos concedestes um exemplo de fé e coragem no mártir são Vito, ajudai-nos a enfrentar as vicissitudes desta vida com muita esperança e serenidade. Que a juventude encontre na família um berço de amor e compreensão. Abençoai também nosso trabalho, tornando

férteis as terras que lavramos. Concedei-nos ainda, Pai, por intercessão de são Vito, as graças que hoje vos pedimos (*fazer o pedido*). Amém.

Rezemos

Pai-nosso, Ave-Maria e Glória-ao-Pai.
São Vito, mártir, rogai por nós.

SEGUNDO DIA
São Vito, mártir da fé

Em nome do Pai, do Filho e do Espírito Santo. Amém

Glória ao Pai, ao Filho e ao Espírito Santo, como era no princípio, agora e sempre. Amém.

Oração do dia

Ó Deus, que nos destes o glorioso mártir são Vito como protetor, que ele seja o intercessor junto de vós em favor dos doentes, para que tenham coragem de enfrentar a vida, por mais dura que seja, com o pensamento no paraíso. Que não nos faltem saúde e disposição para levar em frente o projeto de vida oferecido por Jesus. Amém.

Leitura bíblica

"Por minha causa, sereis levados diante dos governadores e reis, de modo que dareis testemunho diante deles e dos pagãos. Todo aquele que se declarar por mim diante dos homens também eu me declararei por ele diante do meu Pai que está nos céus" (Mt 10,18.32).

Reflexão

Como Jesus havia profetizado, os seus discípulos seriam entregues por seus pais e parentes para, diante de governadores e reis, ser julgados e condenados. Isso também ocorreu com Vito que, ao abraçar a fé cristã, não quis atender aos apelos de seu pai e foi denunciado às autoridades locais. Juntamente com sua ama e seu preceptor, foi preso, açoitado e condenado às feras. Durante o terrível espetáculo, desabou uma forte tempestade, que possibilitou a fuga de Vito e seus amigos. Todavia, algum tempo depois foi novamente preso e condenado à morte.

Hino (continuação)

*Na mortal batalha
Deste mundo atroz,
Lutando com a Cruz,
Guardaste a tua fé.*

Oração final

Ó Pai, que nos concedestes um exemplo de fé e coragem no mártir são Vito, ajudai-nos a enfrentar as vicissitudes desta vida com muita esperança e serenidade. Que a juventude encontre na família um berço de amor e compreensão. Abençoai também nosso trabalho, tornando férteis as terras que lavramos. Concedei-nos ainda, Pai, por intercessão de são Vito, as graças que hoje vos pedimos (*fazer o pedido*). Amém.

Rezemos

Pai-nosso, Ave-Maria e Glória-ao-Pai.
São Vito, mártir, rogai por nós.

TERCEIRO DIA

São Vito, mártir: protetor de nossas cidades

Em nome do Pai, do Filho e do Espírito Santo. Amém

Glória ao Pai, ao Filho e ao Espírito Santo, como era no princípio, agora e sempre. Amém.

Oração do dia

Ó Deus, que nos destes o glorioso mártir são Vito como protetor, que ele seja o intercessor junto de vós em favor dos doentes, para que tenham coragem de enfrentar a vida, por mais dura que seja, com o pensamento no paraíso. Que não nos faltem saúde e disposição para levar em frente o projeto de vida oferecido por Jesus. Amém.

Leitura bíblica

Vi então um novo céu e uma nova terra. Pois o primeiro céu e a primeira terra passaram, e o mar já não existe. Vi também a cidade santa, a nova Jerusalém, descendo do céu, de junto de Deus, vestida como noiva enfeitada para o seu esposo. Então, ouvi uma voz forte que saía do trono e dizia: "Esta é a morada de Deus-com-os-homens. Ele vai morar junto deles. Eles serão o seu povo, e o próprio Deus-com-eles será seu Deus. Ele enxugará toda lágrima dos seus olhos. A morte não existirá mais, e não haverá mais luto, nem grito, nem dor, porque as coisas anteriores passaram" (Ap 21,1-4).

Reflexão

A concentração urbana é um fato. O homem do campo, assolado pela seca e pela fome, emigra para as grandes cidades na certeza de encontrar um trabalho decente, que garanta a sobrevivência de sua família. As favelas se multiplicam em todo espaço vazio, as famílias se desmancham, os filhos são abandonados e a fome e as doenças ceifam vidas. Mais do que nunca, as comunidades e as cidades precisam de protetores que apressem a construção de um novo céu e uma nova terra em que toda injustiça seja superada. São Vito, venerado desde os primeiros séculos do cristianismo, foi escolhido como patrono de muitas cidades e, em sua homenagem, erguidas milhares de igrejas.

Hino (continuação)

Faz que nos perigos
Desta amarga vida
Seja para sempre fortalecida
A nossa fé em Deus.

Oração final

Ó Pai, que nos concedestes um exemplo de fé e coragem no mártir são Vito, ajudai-nos a enfrentar as vicissitudes desta vida com muita esperança e serenidade. Que a juventude encontre na família um berço de amor e compreensão. Abençoai também nosso trabalho, tornando férteis as terras que lavramos. Concedei-nos ainda, Pai, por intercessão de são Vito, as graças que hoje vos pedimos (*fazer o pedido*). Amém.

Rezemos

Pai-nosso, Ave-Maria e Glória-ao-Pai.
São Vito, mártir, rogai por nós.

QUARTO DIA

São Vito, mártir: auxílio dos enfermos

Em nome do Pai, do Filho e do Espírito Santo. Amém

Glória ao Pai, ao Filho e ao Espírito Santo, como era no princípio, agora e sempre. Amém.

Oração do dia

Ó Deus, que nos destes o glorioso mártir são Vito como protetor, que ele seja o intercessor junto de vós em favor dos doentes, para que tenham coragem de enfrentar a vida, por mais dura que seja, com o pensamento no paraíso. Que não nos faltem saúde e disposição para levar em frente o projeto de vida oferecido por Jesus. Amém.

Leitura bíblica

O Senhor tomará a defesa de seu povo e terá compaixão de seus servos, vendo que se esvaiu o seu vigor e desfalecem escravos e livres. Vede, pois, que eu, e só eu sou Deus, e não há outro Deus além de mim. Eu causo a morte e restituo a vida, sou eu que firo e sou eu que curo. Não há quem liberte de minha mão (Dt 32,36.39).

Reflexão

Deus é o Senhor da vida. Como Pai, ele pode dá-la ou tirá-la. Em conseqüência do pecado, surgiram no mundo a doença e a morte. O Pai nos enviou seu único Filho para curar toda ferida e dar a vida em abundância. Temos ainda os santos, que são intercessores junto de Deus. Conta-se que o líquido que escorria do osso de um dos joelhos de Vito debelava as feridas causadas por mordidas de cães raivosos, por isso ele é invocado contra a doença nervosa conhecida como coréia ou doença de são Vito.

Hino (continuação)

*Ao enfermo e ao pobre
Pecador arrependido
Poderá o teu braço, ó Vito,
Abrir o caminho do Céu.*

Oração final

Ó Pai, que nos concedestes um exemplo de fé e coragem no mártir são Vito, ajudai-nos a enfrentar as vicissitudes desta vida com muita esperança e serenidade. Que a juventude encontre na família um berço de amor e compreensão. Abençoai também nosso trabalho, tornando férteis as terras que lavramos. Concedei-nos ainda, Pai, por intercessão de são Vito, as graças que hoje vos pedimos (*fazer o pedido*). Amém.

Rezemos

Pai-nosso, Ave-Maria e Glória-ao-Pai.
São Vito, mártir, rogai por nós.

QUINTO DIA

São Vito, mártir: patrono dos navegantes

Em nome do Pai, do Filho e do Espírito Santo. Amém

Glória ao Pai, ao Filho e ao Espírito Santo, como era no princípio, agora e sempre. Amém.

Oração do dia

Ó Deus, que nos destes o glorioso mártir são Vito como protetor, que ele seja o intercessor junto de vós em favor dos doentes, para que tenham coragem de enfrentar a vida, por mais dura que seja, com o pensamento no paraíso. Que não nos faltem saúde e disposição para levar em frente o projeto de vida oferecido por Jesus. Amém.

Leitura bíblica

Ele viu dois barcos à beira do lago; os pescadores tinham descido e lavavam as redes. Subiu num dos barcos, o de Simão, e pediu que se afastasse um pouco da terra. Sentado, desde o barco, ensinava as multidões. Quando acabou de falar, disse a Simão: "Avança mais para o fundo, e ali lançai vossas redes para a pesca". Simão respondeu: "Mestre, trabalhamos a noite inteira e não pegamos nada. Mas, pela tua palavra, lançarei as redes". Agindo assim, pegaram tamanha quantidade de peixes que as redes se rompiam (Lc 5,2-6).

Reflexão

Jesus escolheu o barco de Pedro para ensinar e os humildes pescadores para ser os apóstolos. Logo nos primeiros dias de sua ressurreição, Jesus se apresentou de madrugada na praia e preparou peixes para matar a fome dos homens, que voltavam de uma noite extenuante de trabalho. São Vito tem predileção pelos pobres pescadores e os favorece com graças e milagres. Até hoje, os trabalhadores organizam procissões em muitas cidades litorâneas e levam a imagem do santo mártir nos barcos.

Hino (continuação)

Doa entre lágrimas
Ao coração gentil esperança,
A alegria e a segurança,
Dos bens celestiais.

Oração final

Ó Pai, que nos concedestes um exemplo de fé e coragem no mártir são Vito, ajudai-nos a enfrentar as vicissitudes desta vida com muita esperança e serenidade. Que a juventude encontre na família um berço de amor e compreensão. Abençoai também nosso trabalho, tornando

férteis as terras que lavramos. Concedei-nos ainda, Pai, por intercessão de são Vito, as graças que hoje vos pedimos (*fazer o pedido*). Amém.

Rezemos

Pai-nosso, Ave-Maria e Glória-ao-Pai.
São Vito, mártir, rogai por nós.

SEXTO DIA

São Vito, mártir: protetor dos imigrantes

Em nome do Pai, do Filho e do Espírito Santo. Amém.

Glória ao Pai, ao Filho e ao Espírito Santo, como era no princípio, agora e sempre. Amém.

Oração do dia

Ó Deus, que nos destes o glorioso mártir são Vito como protetor, que ele seja o intercessor junto de vós em favor dos doentes, para que tenham coragem de enfrentar a vida, por mais dura que seja, com o pensamento no paraíso. Que não nos faltem saúde e disposição para levar em frente o projeto de vida oferecido por Jesus. Amém.

Leituras bíblicas

O Senhor disse a Abrão: "Sai de tua terra, do meio de teus parentes e da casa de teu pai e vai para a terra que eu te vou mostrar" (Gn 12,1).

José levantou-se à noite, com o menino e a mãe, e retirou-se para o Egito e lá ficou até a morte de Herodes. Assim se cumpriu o que o Senhor tinha dito pelo profeta: "Do Egito chamei o meu filho" (Mt 2,14).

Reflexão

Acompanhado de sua ama e seu preceptor, são Vito precisou fugir de sua terra natal para escapar dos perseguidores. Assim como Jesus, com José e sua Mãe, que se refugiou no Egito, pois Herodes queria matá-los. Abraão abandonou a sua pátria para estabelecer-se em terra estrangeira. Hoje, como no passado, milhares de pessoas arriscam a vida em busca de melhores dias.

Os imigrantes procuram liberdade e novas oportunidades. Ao deixar o lugar de origem, levam consigo a saudade e procuram perpetuar seus costumes e tradições, como fizeram os italianos, que trouxeram a imagem de são Vito, certos de ter nele um poderoso protetor.

Hino (continuação)

*Naquele momento horrível
Da última passagem,
Acende mais viva a chama
Da fé em nossos corações.*

Oração final

Ó Pai, que nos concedestes um exemplo de fé e coragem no mártir são Vito, ajudai-nos a enfrentar as vicissitudes desta vida com muita esperança e serenidade. Que a juventude encontre na família um berço de amor e compreensão. Abençoai também nosso trabalho, tornando

férteis as terras que lavramos. Concedei-nos ainda, Pai, por intercessão de são Vito, as graças que hoje vos pedimos (*fazer o pedido*). Amém.

Rezemos

Pai-nosso, Ave-Maria e Glória-ao-Pai.
São Vito, mártir, rogai por nós.

SÉTIMO DIA

São Vito, mártir: protetor dos trabalhadores do campo

Em nome do Pai, do Filho e do Espírito Santo. Amém

Glória ao Pai, ao Filho e ao Espírito Santo, como era no princípio, agora e sempre. Amém.

Oração do dia

Ó Deus, que nos destes o glorioso mártir são Vito como protetor, que ele seja o intercessor junto de vós em favor dos doentes, para que tenham coragem de enfrentar a vida, por mais dura que seja, com o pensamento no paraíso. Que não nos faltem saúde e disposição para levar em frente o projeto de vida oferecido por Jesus. Amém.

Leituras bíblicas

A Adão, Deus disse: "... amaldiçoado será o solo por tua causa. Com sofrimento tirarás dele o alimento todos os dias de tua vida. Ele produzirá para ti espinhos e ervas daninhas, e tu comerás das ervas do campo. Comerás o pão com o suor do teu rosto, até voltares ao solo, do qual foste tirado" (Gn 3,17-19).

Eu vos digo: não vivais preocupados com o que comer ou beber, quanto à vossa vida; nem com o que vestir, quanto ao vosso corpo. Afinal, a vida não é mais que o alimento, e o corpo, mais que a roupa? Os pagãos é que vivem procurando todas essas coisas. Vosso Pai que está nos céus sabe que precisais de tudo isso. Buscai em primeiro lugar o Reino de Deus e a sua justiça, e todas essas coisas vos serão dadas por acréscimo (Mt 6,25.32-33).

Reflexão

Em uma de suas cartas, são Paulo sentenciou que quem não trabalha não merece comer. Deus, ao expulsar Adão e Eva do paraíso terrestre, decretou que as pessoas tirariam seu sustento da terra com muito trabalho e sofrimento. Jesus nos exorta a confiar na Divina Providência, que nos protege diante da necessidade. Ao longo dos tempos, humildes trabalhadores recorrem aos santos protetores, entre os quais está são Vito, a quem solicitam que interceda a Deus para que abençoe o trabalho e que não deixe faltar nos lares o pão de cada dia.

Hino (continuação)

A fé nas obras
Que agrada ao Redentor
São Vito protetor
Confirma em nosso coração.

Oração final

Ó Pai, que nos concedestes um exemplo de fé e coragem no mártir são Vito, ajudai-nos a enfrentar as vicissitudes desta vida com muita esperança e serenidade. Que a juventude encontre na família um berço de amor e compreensão. Abençoai também nosso trabalho, tornando férteis as terras que lavramos. Concedei-nos ainda, Pai, por intercessão de são Vito, as graças que hoje vos pedimos (*fazer o pedido*). Amém.

Rezemos

Pai-nosso, Ave-Maria e Glória-ao-Pai.
São Vito, mártir, rogai por nós.

OITAVO DIA

São Vito, mártir: protetor dos animais

Em nome do Pai, do Filho e do Espírito Santo. Amém.

Glória ao Pai, ao Filho e ao Espírito Santo, como era no princípio, agora e sempre. Amém.

Oração do dia

Ó Deus, que nos destes o glorioso mártir são Vito como protetor, que ele seja o intercessor junto de vós em favor dos doentes, para que tenham coragem de enfrentar a vida, por mais dura que seja, com o pensamento no paraíso. Que não nos faltem saúde e disposição para levar em frente o projeto de vida oferecido por Jesus. Amém.

Leitura bíblica

Bendito és tu, Senhor, Deus de nossos pais,
sejas louvado e exaltado para sempre!
Bendito seja teu nome santo e glorioso!
Sejas louvado e exaltado para sempre!
Todas as aves do céu, bendizei ao Senhor;
aclamai e superexaltai-o para sempre!
Animais silvestres e domésticos,
bendizei ao Senhor;
aclamai e superexaltai-o para sempre!
(Dn 3,52.80-81).

Reflexão

Todo ser vivo é obra de Deus, em cujas mãos está presente cada um deles. Dos grandes seres vivos aos microrganismos, descobrimos o poder, a sabedoria e a bondade do Criador. Em razão da derrubada das florestas e da queimada dos campos, muitas espécies de animais foram extintos ou estão ameaçados de desaparecer. Isso provoca desequilíbrio na natureza, uma vez que eles foram criados para servir à humanidade, fornecendo-lhe alimento e vestuário. As leis para a proteção dos animais não são respeitadas. Há muito tempo, os criadores de gado bovino, ovino, caprino e de outras espécies recorrem a são Vito para que os animais sejam abençoados e se tornem imunes a quaisquer doenças.

Hino (continuação)

Prostrados diante do teu túmulo,
Entre súplicas e gemidos,
Da aurora até o fim do dia,
Atende aos nossos pedidos.

Oração final

Ó Pai, que nos concedestes um exemplo de fé e coragem no mártir são Vito, ajudai-nos a enfrentar as vicissitudes desta vida com muita esperança e serenidade. Que a juventude encontre na família um berço de amor e compreensão. Abençoai também nosso trabalho, tornando férteis as terras que lavramos. Concedei-nos ainda, Pai, por intercessão de são Vito, as graças que hoje vos pedimos (*fazer o pedido*). Amém.

Rezemos

Pai-nosso, Ave-Maria e Glória-ao-Pai.
São Vito, mártir, rogai por nós.

NONO DIA

São Vito, mártir: na glória de Deus

Em nome do Pai, do Filho e do Espírito Santo. Amém

Glória ao Pai, ao Filho e ao Espírito Santo, como era no princípio, agora e sempre. Amém.

Oração do dia

Ó Deus, que nos destes o glorioso mártir são Vito como protetor, que ele seja o intercessor junto de vós em favor dos doentes, para que tenham coragem de enfrentar a vida, por mais dura que seja, com o pensamento no paraíso. Que não nos faltem saúde e disposição para levar em frente o projeto de vida oferecido por Jesus. Amém.

Leitura bíblica

"Estes são os que vieram da grande tribulação. Lavaram e alvejaram suas vestes no sangue do Cordeiro. Por isso, estão diante do trono de Deus e lhe prestam culto, dia e noite, no seu santuário. E aquele que está sentado no trono os abrigará na sua tenda" (Ap 7,14-15).

Reflexão

São Vito testemunhou com seu sangue a fé em Jesus Cristo. Agora, o Cordeiro de Deus o acolhe entre seus santos mártires. Na contemplação de Deus, ele intercede para que tenhamos a força de assumir o compromisso de cristãos.

Hino (continuação)

*Escuta as nossas orações,
Ó glorioso protetor:
Poder no Senhor
Gozar a eternidade.*

Oração final

Ó Pai, que nos concedestes um exemplo de fé e coragem no mártir são Vito, ajudai-nos a enfrentar as vicissitudes desta vida com muita esperança e serenidade. Que a juventude encontre na família um berço de amor e compreensão. Abençoai também nosso trabalho, tornando férteis as terras que lavramos. Concedei-nos ainda, Pai, por intercessão de são Vito, as graças que hoje vos pedimos (*fazer o pedido*). Amém.

Rezemos

Pai-nosso, Ave-Maria e Glória-ao-Pai.
São Vito, mártir, rogai por nós.

NOSSAS DEVOÇÕES
(Origem das novenas)

De onde vem a prática católica das novenas? Entre outras, podemos dar duas respostas: uma histórica, outra alegórica.

Historicamente, na Bíblia, no início do livro dos Atos dos Apóstolos, lê-se que, passados quarenta dias de sua morte na Cruz e de sua ressurreição, Jesus subiu aos céus, prometendo aos discípulos que enviaria o Espírito Santo, que lhes foi comunicado no dia de Pentecostes.

Entre a ascensão de Jesus ao céu e a descida do Espírito Santo, passaram-se nove dias. A comunidade cristã ficou reunida em torno de Maria, de algumas mulheres e dos apóstolos. Foi a primeira novena cristã. Hoje, ainda a repetimos todos os anos, orando, de modo especial, pela unidade dos cristãos. É o padrão de todas as outras novenas.

A novena é uma série de nove dias seguidos em que louvamos a Deus por suas maravilhas, em particular, pelos santos, por cuja intercessão nos são distribuídos tantos dons.

Alegoricamente, a novena é antes de tudo um ato de louvor ao Pai, ao Filho e ao Espírito Santo, Deus três vezes Santo. Três é número perfeito. Três vezes três, nove. A novena é louvor perfeito à Trindade. A prática de nove dias de oração, louvor e súplica confirma de maneira extraordinária nossa fé em Deus que nos salva, por intermédio de Jesus, de Maria e dos santos.

O Concílio Vaticano II afirma: "Assim como a comunhão cristã entre os que caminham na terra nos aproxima mais de Cristo, também o convívio com os santos nos une a Cristo, fonte e cabeça de que provêm todas as graças e a própria vida do povo de Deus" (*Lumen Gentium*, 50).

Nossas Devoções procura alimentar o convívio com Jesus, Maria e os santos, para nos tornarmos cada dia mais próximos de Cristo, que nos enriquece com os dons do Espírito e com todas as graças de que necessitamos.

Francisco Catão

Coleção Nossas Devoções

- *Imaculada Conceição*. Novena ecumênica – Francisco Catão
- *Nossa Senhora Achiropita*. Novena e biografia – Antonio S. Bogaz e Rodinei Thomazella
- *Nossa Senhora Aparecida*. História e novena – Maria Belém
- *Nossa Senhora das Graças ou Medalha Milagrosa*. Novena e origem da devoção – Mario Basacchi
- *Nossa Senhora de Fátima*. Novena e história das aparições aos três pastorzinhos – Mons. Natalício José Weschenfelder
- *Nossa Senhora de Guadalupe*. Novena e história das aparições a são Juan Diego – Maria Belém
- *Nossa Senhora de Lourdes*. História e novena – Mons. Natalício José Weschenfelder
- *Nossa Senhora de Nazaré*. Novena e história – Maria Belém
- *Nossa Senhora Desatadora dos Nós*. História e novena – Frei Zeca
- *Nossa Senhora do Carmo*. Novena e história – Maria Belém
- *Nossa Senhora do Perpétuo Socorro*. História e novena – Mario Basacchi
- *Novena à Divina Misericórdia*. Santa Maria Faustina Kowalska, história e orações – Tarcila Tommasi
- *Novena do Bom Jesus* – Francisco Catão
- *Orações do cristão*. Preces diárias – Celina H. Weschenfelder (org.)
- *Os anjos de Deus*. Novena – Francisco Catão
- *Paulo, homem de Deus*. Novena de são Paulo Apóstolo – Francisco Catão
- *Sagrada Face*. História, novena e devocionário – Giovanni Marques Santos
- *Sagrada Família*. Novena – Pe. Paulo Saraiva
- *Sant'Ana*. Novena e história – Maria Belém
- *Santa Edwiges*. Novena e biografia – J. Alves
- *Santa Luzia*. Novena e história – J. Alves
- *Santa Paulina*. Novena e biografia – J. Alves

- *Santa Rita de Cássia*. Novena e biografia – J. Alves
- *Santa Teresinha do Menino Jesus*. Novena e biografia – Mario Basacchi
- *Santo Afonso de Ligório*. Novena e biografia – Mario Basacchi
- *Santo Antônio*. Novena, trezena e responsório – Mario Basacchi
- *Santo Expedito*. Novena e dados biográficos – Francisco Catão
- *São Benedito*. Novena e biografia – J. Alves
- *São Cosme e são Damião*. Biografia e novena – Mario Basacchi
- *São Cristóvão*. História e novena – Pe. Mário José Neto
- *São Francisco de Assis*. Novena e biografia – Mario Basacchi
- *São Judas Tadeu*. História e novena – Maria Belém
- *São Marcelino Champagnat*. Novena e biografia – Ir. Egídio Luiz Setti
- *São Pedro, apóstolo*. Novena e biografia – Maria Belém
- *São Sebastião*. Novena e biografia – Mario Basacchi
- *São Tarcísio*. Novena e biografia – Frei Zeca
- *São Vito, mártir*. História e novena – Mario Basacchi
- *Tiago Alberione*. Novena e biografia – Maria Belém